1 前言

幸佳慧

台灣兒童暨家庭扶助基金會

平常看社會新聞，會發現駭人的兒童遭受性侵新聞報導越來越多。有些人可能以為媒體嗜血，刻意多報導來吸引好腥羶的閱聽人，或者以為現在壞人比以前多。事實上，政府的統計數據顯示，兒童遭受性侵的嚴重性一直都在，只是沒受到應得的關注與解決。

依據衛生福利部二〇一七年統計，兒少保護事件通報案件中，近五年內，「性虐待」是受虐類型的第三位，僅次於「身體虐待」與「不當管教」。依近十年內性侵害通報案件統計來看，十八歲以下兒少受害人數，每年都遠超過十八歲以上的成人受害總和，兒少被害人數占總被害人數的 64%。

然而，兒虐事件被發現、被通報處理的，遠低於實際數，原因主要是受害兒少因加害者利用關係恐嚇而隱忍，而部分家長即使得知，也基於成人立場，選擇息事寧人或隱瞞。兒少性侵的嚴重性，直指一個顯而易見的事實：兒童與少年，是成人社會嚴重失職與失能的無辜犧牲者。

進一步從兒少受害因素、加害人的狀況、家外或家內事件、分析受害年齡，可以看到不同的肇始原因。基本上，家庭功能不彰、親職知能匱乏、學校對性與情感教育的不足、成人對性議題的消極態度等原因，使得兒少在年幼時期，因缺乏防衛常識，成為家內事件的受害者。進入青春期後，又因正值人際關係與價值觀的活躍探索時期，使侵害事件大幅從家內擴及家外。

根據臺灣衛福部對兒少性侵害的統計，十二歲以下的被害兒童，加害者為直系跟旁系親屬的比例，是所有種類最高的，且直系親屬更多於旁系親屬。可見，十二歲以下的兒童，因大幅依賴家長親人照料，若學校和家長缺乏給予適當教育跟防治概念，容易直接成為受害對象。

而十二至十八歲的青少年，加害者為直系或旁系親屬的案例雖然不減，但「朋友、同學跟網友」類暴增。可知，由於青少年獨立行動的能力增加，加上對友誼的需求，若是缺乏性教育與情感教育，加上人際關係的價值偏頗或不成熟，便容易成為同儕侵犯的對象。其中，網友性侵的比例，在近年暑假期間更有急速攀升現象。

正視蝴蝶朵朵的存在

每個性侵受害者，都是無助無辜的，但我們可進一步確認，在受害年齡類別當中，最無助又無辜的，當屬十二歲以下的兒童。因為零到十二歲兒童，對於性知識的無知、語言表達的困難、特別需要尊長關愛照顧、容易被威嚇恐懼等特質，讓加害人更容易降低自我控制、規避道德與法律的規範，施以成人權威來侵犯他們的身體。

親屬與家人、朋友，是性侵幼童的主要加害來源，鄰居、保母、托育、教育、安置輔導等機構，是第二大加害來源。事實上，不認識的陌生侵犯者反而是極少數。這告訴我們，成人習慣跟幼童強調要對陌生人保持距離的保護策略有問題，讓我們忽略跟逃避的事實是：性侵幼童的主要來源，其實是親近的熟人。

發生在《蝴蝶朵朵》主角身上的，就是屬於家內性侵事件，加害者為直系親屬的同居人。從被揭露於新聞的案件來看，親屬與親近友人為加害

者的案件，多數為非單一次的偶發事件，且多是長達數年的長期隱忍案件。

幼童隱忍的原因，除了不理解那是嚴重的侵犯行為與犯罪事實，更與「家庭結構」有關。因為幼童封閉的生活系統，讓他們生理必須依靠親近熟人的照養，心理上需要他們的關愛，所以舉凡以物質利誘或恐怖威脅，都足以脅迫他們依從與噤聲。故事中的朵朵，正因為媽媽讓朵朵先有了叔叔即將是家人、可保護他們母女的心理期待，而叔叔又以慷慨的物質供給誤導幼童那是專屬的寵愛，而一步步進犯，事後再以「剝奪孩子在乎的依靠」為威脅，恐嚇她不得揭露，使得朵朵因恐懼而一再受害。

家內性侵的加害者，會利用複雜的家庭成員關係，操作幼童的認知與心理，使兒童長期處在錯誤的認知跟混亂的價值中，夾雜愛恨、畏懼、內疚、依附等矛盾心智情感，因而這類性侵事件，對受害兒少所造成的傷害尤其深遠。

研究指出，防治兒少遭受性侵的根本方法，除了社會安全網的強化建制，更要儘早提供孩子足夠而適當的情感教育與性教育。因此，幼童的相關照顧者與工作者，包括家長、親屬、公衛社政等人員，不僅要保持高敏感度，偵測周圍可能受害的兒童，更要破除傳統社會對性的晦澀與負面印象所造成的禁忌及消極態度，轉而正面且積極的投入衛教知識。

這些知識，包含幫助他們認識自己的身體、理解男女生理構造與性特徵、釐清安全碰觸與情感需求的差異、以身作則跟孩子一同建立彼此的身體自主權、培養尊重他人身體的認知與品德、提高對環境、人與事的危機辨識能力，以及演練自我保護的應對方法。如此，才能有效的防止加害者得逞，即使在孩子遇到問題時，也能依通報程序，跟相關機構配合一同協助、陪伴孩子從創傷中復原。

如同國際社會掀起的 #MeToo 運動風潮，受害者的勇氣令人振奮，但

正義的遲來卻也讓人唏噓。創作《蝴蝶朵朵》的用意，正是呼應 #MeToo 的精神，提供教養者一個有故事情境的媒介，可帶著孩子從說故事、聽故事的過程中，將上述提及的要點，進行充分的理解跟討論，理解相關人的情境，做積極性的預防，甚且撫慰曾受害的心靈。

　　這本指導手冊，供成人在跟孩子說故事前能事先閱讀，以充實背景知識、調整好態度、選擇適合的方法跟孩子共讀與延伸活動。參與手冊的團隊，包括臺灣兩大兒少機構──家扶基金會、勵馨基金會，他們提供專業知識跟經驗。而兩位插畫家，更是身為兒童性侵受害者與陪伴者。這群團隊，以當事人或相關人的身分，率先展現積極面對的態度，投入這個計畫，希望能為臺灣兒童安全最黑暗的角落注入一道光，希望你在讀完後，也成為這道光的一分子。

2 預防：怎麼跟孩子談？

勵馨社會福利事業基金會

常見的性侵害、性猥褻與性騷擾，都是性暴力的一種，依據《性侵害犯罪防治法》認定，所謂「性侵害」，是指對於男女以強暴、脅迫、恐嚇、催眠術或其他違反其意願之方法，使被害人與之發生性交或性交[1]以外其他足以滿足其性慾的猥褻行為，又分為強制性交與強制猥褻罪。簡單說，只要是違反他人性自主意願的性行為，和足以滿足性慾的侵犯行為，都屬於法令規範性侵害範疇。

而依《性騷擾防治法》第二條，「性騷擾」是指「性侵害犯罪以外」，對他人實施違反其意願而與性或性別有關之交換式性騷擾（以利誘、威脅方式要求被行為人提供性服務），或敵意環境性騷擾之行為（如襲胸、性別騷擾、傳送情色圖片等）。舉凡一切趁人不及抗拒、不受歡迎，與性或性別有關的言行舉止，讓被行為者感到不舒服、不自在，覺得被冒犯、被侮辱；在嚴重情況下會影響受騷擾者就學或就業的機會或表現者，例如開黃腔、猥褻話語、毛手毛腳、胡亂吹口哨、色眼亂瞄、尾隨跟蹤等行為，都可能構成性騷擾。

---

1 刑法第十條第五項將性行為定義為「稱性交者，謂非基於正當目的所為之下列性侵入行為：1. 以性器進入他人之性器、肛門或口腔，或使之接合之行為。2. 以性器以外之其他身體部位或器物進入他人之性器、肛門，或使之接合之行為。」

而所謂「性別騷擾」，指帶有性意涵、性別歧視或偏見的言論。也就是說，以嘲諷、侮辱、貶抑、敵視的言詞或態度，過度強調他人生理性徵、性吸引力、性別特質或性取向，例如：「太平公主」、「娘娘腔」、「男人婆」、「人妖」等評語，或貶抑某性別的黃色笑話，甚至是挑逗或侵擾被行為人的身體或性態，例如「吃豆腐」言行或探詢性隱私等。其他性騷擾相關法律規定，可以參考《性別平等工作法》、《性別教育平等法》。

值得提醒的是，以連續性的觀念來看，性暴力與性別暴力，只是程度與進程的不同，例如猥褻可能會進展到強制性交，性騷擾也可能是性侵害前加害者的先行試探。因此，任何形式的性暴力與性別暴力，皆須正視。

加害者是誰

在了解加害者特質前，先由統計數字了解性侵害的面貌。根據臺灣衛福部二○一七年的統計，被害人為十二歲以下的性侵害案件中，有43%的加害者是兒童的直系與旁系親屬，有22%的加害者是兒童認識的人，包括家人的朋友、老師、鄰居、同學與網友，其他（不屬於上述關係但非陌生人）及不詳合計為30%，「不認識」者只占5%。

由此可知，臺灣多數兒童性侵案件，是與兒童熟識者所犯下。大人請不要有「不可能發生在自家！」的觀念，因為加害者平常就如一般人一樣，有自己的家庭、工作，甚至是良好的社經地位，例如老師、醫師、律師、法官等等。

本書設定與朵朵同住的叔叔為加害人，就是反映出兒童性侵害案件的真實狀況：加害者多半是受暴兒童的熟識者，也可能是生活中的主要照顧者之一，不認識的陌生人其實比例很低。

加害者迷思

很遺憾的，性侵害加害者並沒有足以辨認的特質。許多對於性侵害加害者的想像，都是來自於刻板印象以及迷思，例如：

❖ 陌生人很危險，一定要教小孩不要跟陌生人說話。
❖ 加害者多是長像醜陋、行為舉止怪異或社會階級較低的男人。
❖ 他看起來文質彬彬，又有很好的工作，不可能是加害者。
❖ 是因為被害人不檢點引誘，加害者才會犯下性侵害事件。

切記，這些迷思反而會阻礙了對於性暴力與性別暴力犯罪的正確認知。其實，加害者看起來和「一般人」無異，過著「一般」的生活。換言之，兒童性侵害在各個地區、階級、種族，以及看來「一般」的家庭，都有可能發生。

不要只說「小心陌生人」

大人會教導孩子小心陌生人，並告誡不要跟陌生人講話、互動。但由兒童性侵害的統計數字來看，其實陌生人並不特別危險。過於強調「小心陌生人」，也可能反而讓孩子對於熟識者失去戒心。

大人可讓孩子知道，不管是陌生人還是熟識者，只要有讓他不舒服的舉動，都可以拒絕，並且要告訴信任的大人。

加害者常使用的方法

　　加害者通常會逐步接近孩子，使孩子產生信任感，並且用漸進的肢體碰觸，使孩子難以判斷合宜或不合宜。例如本書第十四頁，叔叔先是以玩遊戲的方式來接近朵朵，之後也以玩遊戲、洗澡等方式製造碰觸朵朵的機會。加害者為了接近孩子，常用的說詞還有：

❖ 哄騙：「我們來玩一種好玩的遊戲。」

❖ 賄賂：「讓我摸一下就給你五十元。」

❖ 輕描淡寫：「摸一下不會怎麼樣……。」

❖ 甜言蜜語：「我最喜歡你了。」

　　（例如在第十七頁，叔叔就是以愛為理由，試圖說服朵朵。）

❖ 恐嚇威脅：「不聽我的話，我就把你趕出去。」

　　（例如在第三十一頁，叔叔以生氣、不買衣服做為要脅。）

❖ 暴力：「你不聽話，我就揍你。」

❖ 以權威的名義來壓迫：「你不乖，我叫警察把你抓走！」

❖ 以孩子的錯來威脅：「上次你偷同學的錢，要我告訴你爸嗎？」

❖ 祕密：「這是我們之間的祕密，不可以讓別人知道喔！」

❖ 拿後果來阻止孩子說出口：「這件事如果你告訴別人，你爸媽一定會很生氣，同學也會笑你！」

　　（例如在第三十一頁，叔叔謊稱朵朵的媽媽會被警察抓走。）

該教會孩子什麼

性侵害加害者並無絕對特質可供辨識，大人也無法時時刻刻跟在孩子身邊。雖然所有國家對於兒少性暴力的加害者都課以重刑，但是，法律能做的只是事後的追訴，無法彌補孩子受到的傷害。為了避免暴力傷害發生，大人需要以身作則，尊重自己與他人的身體自主權，讓孩子在生活中建立身體自主權的概念，並且知道當身體自主權受到侵犯時，如何拒絕與求助。除了要教孩子具備保護自己的能力，同時也要教孩子長大不會成為性暴力的加害者。

違反意願──缺乏對他人的尊重

目前臺灣法律對於性侵害的定義，必須是違反當事人的意願，因此，被害人對於對方的侵犯行為，是否有表達違反他們的意願，常常成為定罪的關鍵之一。但兒童可能因為不知何謂性行為，或懼怕或能力不足，無法做出「違反意願」的意思表達。過往就曾發生兒童遭受性侵害但未表達不願意，使得加害者的行為被法院認定未達強制程度，不被認定為「強制性交」，造成極大爭議！雖然《刑法》規定與十四歲以下兒童性交是犯罪行為，但是刑度與「強制性交」相較之下較為輕微。在目前《刑法》性侵害的定義下，最應該受到保護的兒童，卻可能因為欠缺對於性的認知，而未受到應有的保護。

目前世界各國都出現將性侵害的法律要件，由「違反意願」修改為「未取得同意即為性侵」，即「積極同意權」的概念。除了彰顯性自主權，也較能避免被害人沒有反抗就被推定為同意，同時也傳達出「性行為前應該確

定對方同意」的概念。相信「積極同意權」能對兒童提供更多保護，同時也能將尊重他人身體自主權的概念深植下一代心中。

身體自主權

1. 大人應有的認知：尊重孩子與自身的身體自主權

臺灣社會重視家庭倫理，年幼孩子的意願通常不被尊重，加上身體自主權的概念並未普及，以至於許多家長未意識到孩子主張身體自主權的重要性。因此，大人和孩子都需要建立身體自主權概念。身體自主權奠基於尊重孩子為獨立自主的個體，若大人無法尊重孩子為獨立個體，並平時即以身作則，孩子將難主張「身體自主權」。大人必須幫孩子建立「我是我身體的主人」的概念，並引導孩子辨識身體界線的概念。

同時，孩子須被允許與尊重在任何情況下有「說不」的權利，大人不要因孩子表達拒絕而責備，例如大人說：「給阿姨親一下！」小孩：「我不要！」家長便譴責孩子：「沒禮貌！趕快給阿姨親一下。」無論大人小孩，都須學習先徵詢他人意願而行動，例如，「我可以親你臉頰嗎？」而大人更須懂得情境分辨、善用權力和教育引導，使孩子不因主張身體自主權，卻因大人的權力脅迫下而混淆自己身體權利的行使。

2. 分辨「舒服的碰觸」和「不舒服的碰觸」

兒童在生活中少不了和他人的身體接觸，隱私處也會在某些時刻被碰觸，例如洗澡或看醫生時，且孩子非常難分辨與熟識者之間身體接觸的界線。大人須和孩子時常討論什麼是可以接受的身體接觸，什麼是不可以接受的身體接觸，什麼是不舒服的感覺，協助孩子更自信的分辨與主張。孩

子感受到某些碰觸的感覺是會轉變的，例如一開始的碰觸（例如搔癢）可能是有趣的，但下一步可能就轉為不舒服的感覺；也要告訴孩子如果有人碰觸不舒服時，一定要告訴信任的大人。

本書中呈現了大人和朵朵之間的各種身體接觸，像是第十頁中，爺爺、奶奶的餽贈禮物、市場叔叔拉著朵朵轉圈圈、鄰居的阿姨在朵朵臉上親吻以及加害者叔叔對於朵朵的碰觸，都可以讓家長做為例子，和孩子討論各種碰觸的適當性。除了灌輸知識與討論外，建議和孩子練習，體會什麼情況、什麼部位的碰觸是「不可以」、「不舒服」的，然後練習用什麼態度及方式去拒絕與反抗。

3. 讓孩子學習向外求助

教導孩子在遭遇困難或者不舒服的狀況時，要向信任的人說出遭遇和感受，確認孩子也會向父母以外的人求助。大人可與孩子一起討論一份「信任者清單」，讓孩子清楚知道可向哪些對象求助，直到獲得協助為止。

預防孩子免於侵害，是全體大人的責任

教導孩子自我保護的目的，在於增強孩子對身體界線的敏感度，以及懂得向外求助的自信，這不表示要孩子負起可能遭受侵害的責任。大人要記得：預防孩子免於性暴力與性別暴力，全體大人責無旁貸。除了須依孩子發展階段，給予適切的關心與教育，大人也須自我引導和教育，才能真正保護孩子與自己，在性別平等友善環境中，獲得健康有愛的成長和生活。

3 面對：怎麼面對受害者？

台灣兒童暨家庭扶助基金會

敏銳接收孩子發出的警報

　　根據實務觀察，兒少遭遇性侵害後，孩子會有身心、行為與人際認知等全面性的變化，影響相當長遠。故事中的朵朵，在事發後開始有惡夢、尿床、夜半尖叫醒來、自覺肚子痛，認知上誤以為自己做錯事等的創傷後反應，同樣也發生在許多受創兒少身上。對於零到十二歲的年幼兒童，因口語表達能力的限制、對求助管道的認知不足，甚或不理解自己已經遭遇侵害，常導致事件未獲揭露。因此，成人更需要敏銳觀察，一旦發現孩子釋出警訊，就應積極確認並通報兒保相關單位。

❖ **身體傷害**：孩子外顯的創傷，是最容易取得的線索。當大人或照顧者發現孩子有不明外傷，或身體各部位不明原因的疼痛，都應有所警覺，跟孩子確認受創的原因，並對孩子身體的各部位稍做檢查。若自覺無法判斷，可尋求醫療單位協助。

❖ **生活失控**：孩子在受創後，會陷於驚恐狀態，同時因為無法預期何時可能再受害，思緒會被害怕、擔心、焦慮給占據，導致經常顯得不安，飲食與睡眠也會大受影響，或出現像尿床等退化行為。

❖ **情緒失衡**：孩子在受創後，會有不安全感、自覺無價值、感覺麻木、罪惡感、依附困難等情緒壓力的反應，他們可能突然變得很容

易受到驚嚇或感到莫名的驚恐；對人不信任；經常覺得悲傷及憂鬱；對人與事物的感受力低落，對於事物也缺乏嘗試的動力。

❖ **行為異常**：隨著失控的作息與失衡的情緒，孩子可能會對身體碰觸產生敏感跟驚恐的反應、也可能出現自我傷害或傷害他人的行為；人際互動變得防衛或疏離；甚或因為加害者為親人或熟人，產生認知的掙扎與混淆，而有同情加害者的狀況。

孩子若釋放以上某些警訊，成人要及早確認孩子是否受害。確認後，要尋求醫生、心理師、社工師等專業人士的協助，以改善這些創傷後壓力症候群的問題。遭受性創傷的孩子，復原過程漫長而艱辛，尤其需要長期的心理復健，照顧者應提供高度包容的環境，幫助孩子重建自我認知、與重要他人的依附關係，以及對生活環境的安全感。

孩子好痛，大人也好痛

故事中，朵朵的媽媽在扮演成小兔子聽完朵朵的祕密後，聲音抖得好厲害。當孩子的照顧者發現孩子遭到性侵猥褻，尤其加害者是家內、熟人性侵事件，在接下來揭露事件的過程，不僅是身心的煎熬，也將撼動整個家庭，甚至擴及家族。

像朵朵的媽媽在獲知真相後，面臨的衝擊，除了因為沒有保護好孩子而產生罪惡感跟自責，還有因伴侶的背叛所產生的憤怒與掙扎。其他家庭現況的巨變也接踵而來，例如關係的改變、家庭成員因意見不同產生的爭執、加害者與被害者必要的隔離，或是家庭生計中斷等等。

1. 照顧者必須先照顧好自己

身為孩子的主要照顧者，必須將受害的孩子擺在第一位，幫助並陪伴受害孩子走過創傷復原的歷程。這使得照顧者也承受許多壓力。如同受創孩子有的創傷壓力反應，也可能發生在照顧者身上，接連打擊與情緒反應，都會消磨照顧者的信心。

因此，照顧者在面對如此難以承受之痛時，必須體認自己也需要協助，除了陪伴孩子，大人也可以參與相關課程，一面緩解情緒壓力，一面透過專業引導，與孩子走完接續的復原路。這些協助，可透過介入事件的相關單位來執行或連結；照顧者唯有穩定與照顧好自己，才有機會再長出成為孩子依靠的力量。

2. 無條件的接納與相信、不責難孩子

面對孩子告知性創傷事件，且加害者是家中親人或熟人時，可能得到如同《蝴蝶朵朵》故事中叔叔的回應，像是「小孩子的話你也信」、「我只是在逗她玩」、「我好心幫她洗澡」、「是又怎樣？要不是我⋯⋯」加害者會試圖以眼前看似有理或對他有利的現況，加以否認或進一步對質詢者威脅恐嚇，以掩蓋犯行。

這些狀況，確實容易動搖揭露者的勇氣，並使揭露或司法審理的過程起伏不定，這樣的起伏，無疑是對孩子再一次重大的傷害。身為孩子選擇信靠的成人，堅定的立場，是孩子非常需要的力量。孩子決定吐露一個困難的祕密，必定經歷一段極為掙扎的抉擇，因此極需傾聽者的鎮靜、鼓勵與接納。

故事中，朵朵的媽媽成為一個示範，她扮演成朵朵貼身的小兔子玩偶，以朵朵可以理解並感到安心的方式，引導朵朵表達受創的過程。在朵

朵向兔子媽媽說出受創過程後，媽媽立即給予保護與支持，不受加害者影響，做出正確行動、報警尋求協助，使朵朵感到安全。媽媽也透過小兔子，肯定朵朵的勇敢，讓朵朵知道：「自己不但沒有做錯事，反而是幫了一個大忙。」

受創的孩子需要照顧者無條件的接納與相信，孩子尤其有權利生氣跟表達負面情緒，照顧者不該壓制孩子表達感受，也不該責難或要求孩子原諒加害者。照顧者該做的是傾聽，並強調「我們不會再讓那個人傷害你，你現在是安全的」。孩子需要感受到無論狀況如何，都擁有你給他的愛，並有你陪他一起重建健康的依附關係與對環境的安全感。

身為照顧者，要時時提醒自己並非獨自面對困難，在事件揭露後，要善用介入的社政、教育、警政、民間組織等資源系統，以及可信賴的家庭成員和鄰里親友。持續關照自己的情緒狀況，尋得舒緩壓力的管道；並與協助孩子創傷復原的輔導者維持溝通，對於孩子行為表現交換意見，讓輔導者能具體提出陪伴過程的專業建議，使照顧者與孩子在復原的路上走得更穩。

4 復原

愛與保護

陳潔晧

　　第一次讀幸佳慧的《蝴蝶朵朵》腳本時，心裡很多感慨。我曾是個三歲被性侵的小孩，與性侵我的人日夜相處長達三年。創傷陪伴我長大，三十多年來，我獨自面對這個傷害所遺留下來的種種創傷後遺症。直到中年，遇見我太太之後，我才懂得開始處理這個傷害。在畫這個故事時，內心深處有個聲音在說話：「如果當時有這個故事就好了，也許我不會感到這麼寂寞。」

　　我記得幼小的我曾經向媽媽說，性侵我的奶媽一家人對我很壞，我想離開那個恐怖的地方。媽媽聽完以後沒有反應，轉過頭繼續和奶媽聊天。我繼續留在奶媽家裡，和這些性侵我的人生活在一起。我度過一個很辛苦、寂寞及恐懼的幼年時光。畫這本書是困難的，除了要畫出小孩受害的經歷，我還必須畫出我不熟悉的感受：當朵朵對媽媽說出自己受害經歷後，媽媽將朵朵抱在懷裡，保護朵朵永遠離開壞人的威脅，這是我不曾經歷過的事。我不知道受到保護是什麼感覺。我甚至不知道被媽媽擁抱是什麼感覺。

　　我只能猜想，一個受傷過的小孩，受到保護與安慰，是一個什麼樣的感覺。剛開始畫這本繪本是非常不安的，直到我畫出媽媽抱著朵朵，我才感到安頓。一位信任的朋友形容，媽媽抱著朵朵的畫面，傳達出有距離的

愛的感覺。我一直回想著這句話，我覺得它真實反映我的人生。曾在我最需要保護時，我的父母卻放棄保護我。我不知道該如何理解我人生最初始的關係。

我和太太無話不談，是她教導我何謂愛、信任與尊重。她陪伴我度過最艱難的復原階段。我們也是創作上最好的搭檔，在朵朵的創作過程裡，我非常仰賴與太太談論朵朵與媽媽的心情。透過與太太真誠的交流，我得以理解情感上不同的視角，也得以反省我缺少了什麼。

童年時期就遭遇性侵的小孩容易感到寂寞，因為「性」在這個社會中是不被談論的。所以當受害的孩子不懂性，更不懂性侵，當然無從理解自己的遭遇，以及之後所造成的影響，只會感到自己「不一樣」。創傷因此得以不斷侵蝕孩子的成長，也延宕復原的時間。

身為一個長期受害的倖存者，雖然我成長中失去很多，但透過理解傷害與重建信任，我依然能得到令我感到滿足的人生。小時候的我，不斷尋找會相信我的成人。我希望有人會聆聽我的經歷，相信我的感覺，帶我離開恐怖的地方。希望你無論是否有小孩，都把保護兒童當成自己的責任，教導兒童辨識何為傷害，與兒童建立長期的信任關係，在兒童遇到傷害時，保護他們離開困境。只有當每個人都正視性侵議題，我們才能一起為孩子建立安全的環境。

祝福所有成人與孩子，都在愛與信任中成長。

從此以後，不讓你孤單一人

徐思寧

我認識三郎（潔晧）已經十年了。

我辨別不到跟他一起的時間，是走得快還是走得慢。

有時候，我很多感覺還是停留在他回憶起童年性侵的那一夜。

溫柔的孩子

我跟三郎是在樂生療養院認識的。我們在樂生社區學校與小孩一起焢窯、木工和畫畫。我們與樂生的阿公、阿媽和社區的小孩度過了很多快樂的時光。三郎是個善良溫柔的人，他總是細心觀察小孩與老人的需求，然後耐心回應。他對各種小動物和小昆蟲也很溫柔。我記得有一次他拿茶壺準備泡茶時，發現茶壺底下有一窩小螞蟻，他就輕輕的把茶壺放回去，然後開心的告訴我，家裡多了一家螞蟻朋友。小昆蟲若不小心飛到杯子裡，他會小心翼翼的把昆蟲撈起來，再用衛生紙吸乾小蟲身上的水分，讓牠們可以再次展翅飛翔。在路上遇到不幸死去的小昆蟲或小動物時，三郎也會好好安葬他們。我記得樂生的阿公跟我介紹潔晧時，說他話不多，但默默在做，是一個被留在資源回收中心的寶。當時覺得阿公只是在說笑，沒想到卻預示了三郎童年的困境。

完美的家庭

三年前，在一個不預期的狀況下，三郎記起自己童年長期被性侵與虐待的經歷。當時我正準備碩士論文的考試，請他幫忙打字。因一段描述育

幼院兒童感到寂寞的文字，他突然全身發抖，嘴脣不停顫抖，卻說不出一個字。很久，他才慢慢說出：我小時候好寂寞。我當下並沒有理解他的意思，我無法把這句話連結到他的過去。我一直以為三郎有個快樂的童年，有照顧他的哥哥，有個溫暖的家。我們每個星期都會回三郎家吃飯，他的爸爸是位有名氣的藝術家，媽媽是國小老師，兩個哥哥都是博士，家裡滿滿的文房四寶、藝術書籍、文學經典，還有很多精緻的藝術擺設。家裡不時會有名人來拜訪，跟三郎爸爸聊天和購買藝術品。他的家人給我很文明的感覺，不但有修養，更受到社會的尊重。

難以言述的痛苦

我安慰他，提醒他不是在育幼院長大，家裡有爸爸、媽媽和哥哥。然而，這句話並沒有帶來任何的安慰效果，三郎蜷曲在地上，全身發抖。那時他無法說出一句話。我想輕輕握著他的手，他卻因為皮膚的觸碰，整個人顫抖驚叫。看著在地上痛哭的三郎，我不知道怎麼辦。我沒看過三郎這麼哀傷和恐懼。我輕輕跟他說話，他聽不到我的話。他陷入極度的悲愴，崩潰倒地。自那天起的幾個晚上，三郎花了很大的力氣，慢慢說出了他小時候被奶媽一家四人性侵的經歷。

如果我可以回到過去

我一邊聽著三郎說出一段段受虐的經歷，一邊努力保持冷靜。我從來沒有想過三郎是性侵受害者。那一霎那我心痛得不能感覺，眼淚一直流、一直流。我擔心自己的反應嚇到三郎，我努力叫自己冷靜，要趕快停下眼淚，但眼淚就是不聽呼喚，不停流下。我不知道該如何感覺，也不知道如何回應三郎。不停聽著一段一段虐待的經歷，我心痛得不能呼吸，眼睛也哭到看不清楚三郎的樣子。我只希望可以回到過去，緊緊的抱起小三郎，

帶他永遠離開那個恐怖的地方。

當我知道另一個小孩在經歷痛苦

然而，無論我多想回到過去，阻止傷害發生，那都只是空想。我不能改變三郎已經受傷的事實，但我可以努力陪伴他從童年的創傷中復原。三郎走在復原的路上已進入第三年，從三年前的痛苦失落，現在我們慢慢感到生活的美好，也能期待未來。雖然三郎還是有失落難過的時候，但我們知道如何處理和面對。當我們看清楚痛苦的來源，走在對的復原方向上，我們就可以感到有希望。

創作朵朵的繪本時，畫朵朵受害的經歷是最困難的。因為當我想到朵朵正受到傷害時，心裡會無比難過，會出現難以承受的痛與焦慮。這些感覺彷彿也傳遞在畫面的線條中。雖然我知道朵朵是一個故事，但我的心卻無法放鬆下來。在我最困惑時，故事中奶奶的支持與溫暖，讓我想起我的家人。三郎剛記起童年性侵的回憶時，哀傷與無助的感覺快把我壓垮。得到三郎的同意後，我開始跟我的姐姐、爸爸、媽媽和朋友傾訴。他們的聆聽與支持，支撐著三郎和我的復原歷程。朵朵和媽媽是不孤單的，因為有奶奶的支持與陪伴，還有菜市場的阿姨和爺爺的關心，他們讓我在繪畫期間難過的情緒得以轉化。當身邊的人願意理解、接納和支持時，我知道我們就可以繼續走下去，離開痛苦的感覺。

一起成為孩子可以依靠的大人

很多時候，孩子很難獨自離開傷害的環境。我們需要時刻敏感觀察與回應孩子每個感受與求救訊號，不要讓孩子獨自面對痛苦。我們要讓孩子知道，他們值得被好好對待和尊重。遇到傷害時，我們要堅守是非對錯，保護與支持孩子，不要留下他一人獨自面對。

5 如何使用《蝴蝶朵朵》

辛佳慧

創作用意

我因為長年關注國內外性侵新聞事件，尤其是受害者為弱勢的兒少，成人剝削兒少身體的惡行讓我極為忿忿不平，但遲未納入兒少書寫的範疇，實因擔心能力不足。直到幾年前林奕含的小說與自殺事件，以及緊接著國際上的 #MeToo 運動，我赫然明白如果連我——一個積極參與社會議題討論的人——都怯懦迎擊，那麼，兒少性侵的病毒，當然要沾沾自喜的在暗處盡情肆虐了。

我相信，不少教養者也認同我們該提早實施性教育與防治概念，但礙於自身保守的成長經驗，往往不知如何著手。即使做了，也常流於對孩子做形式性的口頭規範，或存僥倖心認為厄運不會降臨自己孩子，又或者拖延的交給日後的學校教育。但我們必須承認，這些消極心態跟作為，正是掠奪者最喜愛的犯罪溫床。

臺灣針對教導孩子保護自己的童書，清一色是非故事類的資訊指導書籍。它們雖然明確傳達訊息，但這種缺乏故事模組的指令往往過於粗糙跟斷裂，而難以對孩子的心理造成深刻的理解跟感受，也讓教養者無法透過一個相對安全而細緻的故事情境，來跟孩子討論其中環節。因此，若能有一本擬真的故事繪本，能補足資訊類書籍的不足，並大幅鼓勵教養者在親子共讀時納入，同時做性侵的防治教育，這便是一件該付出心力的事。

為此，我邀請跟兒童性侵有關係的當事人擔任插畫家，我相信身為受害者的潔晧，與陪伴者的思寧，親自為這故事繪製的經驗，將成為最寶貴的示範，更能鼓舞任何猶豫與不安的大人改變。此外，由於這議題有高度的專業背景，故事成形後，不只受益於一群前線的工作者審閱跟討論，手冊也有相關組織參與製作。這一切用意，旨在希望協助教養者做充分準備，儘早跟孩子一起學習跟面對。

共讀建議

　　建議教養者在和孩子共讀前，先讀過繪本內容與指導手冊，在消化勵馨與家扶兩大專業機構提供的訊息，並參考兩位插畫家的經驗與心情後，教養者最好還能先做一些設想與準備：

1. 你可以先告知孩子，這是一本講小孩受傷的故事，雖然有點讓人難過，但你覺得故事很特別也很重要，你希望和他一起讀。讓孩子知道共讀過程可能會出現生氣、害怕或擔心等情緒，這些感受是正常的，他可以隨時跟你反映或溝通，而你會尊重他。這些告知，不但能讓孩子有心理準備，也會讓他看重這次的共讀經驗。

2. 在共讀前，可自行先將故事裡的角色與行為稍微做分類，共讀時再和孩子討論這些角色，可能是真實生活裡的哪些人與情況。讓孩子知道，朵朵不限定於特定的性別或年齡，叔叔也有可能是親人、長輩、老師或同輩親友。

3. 避免在共讀時做強勢的評論或說教，例如「那個人好壞！」、「所以你不可以這樣知道嗎！」甚至是「如果你貪吃就會跟朵朵一樣！」這類威脅與說教都會有反效果。這故事需要時間感受，先讓自己跟

孩子有充分時間進入場景與角色，等孩子聽完故事、感受主角的處境後，自然會有些疑問隨之而來，這時便是大人跟孩子進行理性交流對話的機會。

4. 事先準備其他性教育的書籍，共讀後若跟孩子討論到身體碰觸的感受與尺度時，可適時輔助應用，積極的幫助孩子建立身體的自主權。

5. 若孩子在閱讀時，含糊的或清楚的提及他曾遇過類似經驗，提醒自己保持傾聽、冷靜而友善的態度，以確認孩子談及的內容，再做進一步的處理。

6. 若已知孩子有過性侵或性騷的受害經驗，在共讀時應細心關照孩子的反應，尤其孩子可能因年幼或剛被勾起創傷回憶，口語表達有困難，要特別注意孩子的身體語言。明白表示你會尊重他決定是否要繼續閱讀或如何讀的意見，若他表達只想聽讀跟看圖，暫時不想做額外交流跟討論，也儘量尊重孩子。

7. 跟有受害經驗的孩子共讀時，若伴讀者缺乏創傷療癒的專業信心，或孩子難以訴諸語言，可先將重心放在故事中支持系統的環節上，例如媽媽、社區裡的奶奶、爺爺、阿姨們等人物與陪伴復原的小動物們，以及翅膀復合、學習飛行的隱喻，讓孩子連結到這些正面能量，再溫柔鼓勵孩子分享對於這些角色細節的想法。

戲劇模擬的延伸討論

共讀後，大人可設計簡單的戲劇，與孩子進行模擬練習，這能讓孩子透過他平常生活常出現的角色（但避免指出特定人）轉換想像，熟悉慣常的犯罪手法與用語。提醒孩子你們這麼做，並非指認某人就是壞人或是周

遭很多壞人，而是要練習「萬一遇到不同情況時，我們該怎麼告訴別人尊重自己跟保護自己」。同時也讓孩子明白，這麼做也是請孩子同時幫助你練習，該怎麼尊重其他人的孩子，這是大人跟孩子都需要學習的重要功課。

假設孩子常跟年紀較大的同輩親屬相處，可以先告訴孩子類似的故事，再回頭模擬練習：

有個女孩叫小晴，暑假過後就要升上小二，她在家哥哥常常欺負她，但小晴有個讀國中的堂哥住在附近常來他們家玩，堂哥很疼愛小晴，有好吃的食物會分享給小晴，若小晴被哥哥欺負，堂哥也會挺身而出。小晴很喜歡堂哥來家裡或被他擁抱。可有時候堂哥會摸小晴的身體、拉她的衣服，堂哥常說：「我在跟你玩啊！你也可以摸我、拉我的衣服啊！」*

一天，堂哥來到家裡，哥哥去夏令營，小晴的爸爸、媽媽要出門買東西，就叫堂哥陪小晴做功課，小晴很想跟堂哥玩，很快就寫完功課。堂哥跟她說：「今天來玩點不一樣的，我們來玩『大人的遊戲』！」小晴問什麼是大人的遊戲？堂哥回答：「如果小晴要玩就要保守祕密，不能讓別人知道，不然會被警察抓走，再也看不到我跟爸爸、媽媽了！」*

小晴皺了眉頭，堂哥趕緊說：「別擔心，堂哥會保護你，只要你保密，我就帶你去吃冰，這個遊戲比做功課好玩多了，而且很舒服、很舒服！」*於是，堂哥跟平常一樣抱抱小晴，接著要她閉上眼睛，他用手指在小晴手臂上像毛毛蟲一樣滑來滑去，讓小晴癢得呵呵笑，接著堂哥在小晴的臉頰上親了一下*。過了一會，毛毛蟲手指爬到小晴上衣裡，堂哥說「糟了，毛毛蟲跑到衣服裡了，你要快脫掉衣服才行！」他幫小晴脫掉上衣*，還說：「毛毛蟲不見了，這樣也涼快多了！我也脫掉我的上衣吧！」*接著堂哥又繼續把手伸到小晴的裙子

裡，摸到她的隱私部位。*

　　小晴疑惑的看著堂哥，堂哥說：「這就是大人的遊戲，就要開始了，等一下你會覺得很舒服喔。」*可是她感覺堂哥怪怪的，跟平常不大一樣。這時，小晴想到爸爸、媽媽出門前跟她說，若有什麼事情就趕緊打電話給他們，於是小晴假裝想尿尿，經過客廳拿了手機到浴室把門鎖上。小晴撥了電話小聲的告訴爸爸、媽媽發生什麼事，爸爸、媽媽要小晴待在浴室不要出來，他們會先請鄰居過來、並立刻回來。一分鐘後，家裡的門鈴響了……。

（劇情設計參與：林安娜）

　　大人說完故事的大概，再回頭於故事畫星號*的地方切出，跟孩子揣摩不同的劇情發展。大人演堂哥，讓孩子代替小晴。親子或師生一起討論小晴可以怎麼反應，並練習以下要點：

❖ **澄清身體的界線**：陪著孩子練習各種澄清身體界線的說法，例如：「身體是我的，你不能亂摸。」「我不想摸你、也不要拉你衣服。」「你不可以把手伸到我衣服裡。」除了口語澄清，也需要搭配身體動作，例如站穩挺胸、說「不」跟阻擋的手勢。

❖ **要求尊重**：讓孩子練習想像小晴在故事當中可能產生的感受，幫助孩子辨別陌生或混雜的情緒，再引導他們展現要求被尊重的堅定態度。「你沒有問我，我沒有說好，你不可以親我。」「當我說『不』時，就是『不』。」

❖ **不接受保密協定**：先讓孩子明白身體不能當遊戲跟別人進行任何交換，因此不能接受這類保密的約定，並協助孩子練習類似的表達：

「我不要玩這種要保密的遊戲！」「不可以拿身體開玩笑！」「我會告訴爸爸、媽媽或老師。」「警察不會抓我，警察會抓亂摸別人身體的人。」

❖ 求助的練習：以你們常去的地方設想演練，例如若在祖父母家、保母家、學校等地遇到類似的事，可找誰協助或有什麼方法幫助自己。

這些模擬劇情，大人可以從孩子日常生活的場景，與觀察孩子跟其他人互動的情境進行改編。聽故事和戲劇模擬，都是很好的學習機會，讓孩子從互動性的劇情跟角色中，揣摩人際關係跟分寸，進而對自己的身體產生主體意識。如此可以避免孩子一旦碰到真實狀況時，被突如其來的狀況、情緒、感受給混淆與困住，而錯失保護自己的關鍵時刻。

我們也要讓孩子知道，「如何保護自己跟尊重別人」是一體兩面的事，若孩子沒有這種認知，很可能在日後會有意或無意的侵害他人。因此，在幫助孩子建立身體自主權的同時，也要確認孩子具有尊重他人的舉止態度。例如在共讀的延伸活動中跟他討論，若孩子跟其他同伴玩時，有人強勢說「不」時，代表什麼意思？他又該怎麼反應？

在日常生活裡，我們就要跟孩子維持這種相互尊重的互動模式，例如經常詢問孩子：「我現在想抱抱你，可以嗎？」讓孩子練習當身體的主人，如此這才能穩固孩子發展身體自主權的概念，同時保障他人安全。當我們看到不幸一再發生，總沉痛呼求政府單位給我們「社會安全網」的保障，然而，這張安全網，最細微、最堅實的基礎工程，不就是從這裡、從你我開始的嗎？

NOTE

NOTE

NOTE